겨울 입술에 남은 말

겨울 입술에
남은 말

도해

BOOKK

시인의 말

시간 내서 내 생각 좀 해줘
너의 누구보다
더 많이 사랑해 줘

2026년 01월
도해

차례

2부 폭설

3부 겨울 입술에 남은 말

1부

눈사람

Love is All

사랑만이 우리를 살게 해
사랑만이

네가 슬퍼서 우는 소리
온 세상을 재구성하고 싶어

너를 웃게 할 수만 있다면
정말 뭐든 할 거라는 거 알고 있잖아

나 주제에 사랑을 해
너를
내가 사랑해

발음할수록
작아지는 몸짓
마음은 부풀고
몸은 한없이 작아져
나는 너를 올려다봐야 하지

허공에 맞물리는 시선에 나는 또 용기를 내고

이건 비밀인데
사실 너만이 나를 살게 해

목도리

겨울이야
보고 싶어

따뜻한 겨울
형편없는 손재주로 떠준 목도리를
아직도 하고 다니는지

너는 나의 겨울 같아
너무 춥게 두지 말아줘

만월

아직도 고양이 밥은 가지고 다녀
내가 챙겨주던 아기 고양이 기억나?
걔가 어미가 됐어
걔를 닮은 새끼가 있는데
걔 이름은 만월이야

유일하게 살아남아서
내가 그렇게 지었어

너는 악몽을 헤집고 내게 닿은 조각 달
서로를 마음껏 안쓰러워해도 좋았던 시절은
그림자에 묻혀 영원히 잃어버린 너의 대부분처럼
다시는 오지 않을 것이다

너는 눈을 감은 채로 세상을 그리는 사람
내가 오래전 극복한 것들을 여전히 끌어안은 채로 아파하는 사람

네가 울 때면
나는 아무것도 할 수가 없어

코코아

겨울이니까
눈이 오니까
우리는 따듯한 코코아를 마셔야 해

추위를 잊을 만큼
포근한 한 장면

어깨에 기대오는 너의 머리칼을 쓸어주며
내년 겨울에도 눈이 올까 물었고
너는 웃었지

겨울마다 꺼내보는 영화는
제철 맞는 사랑 고백

추신은
삿포로에 갈까요?

꿈 없이 달게 자

너에게는 예쁜 말만 해주고 싶어
가장 완벽한 문장만 들려주고 싶은 마음
알아?

말주변 없는 나는 사전을 끼고 살아
사랑 항목엔 꾸밈없는 부끄러움들이
침을 꼴깍 삼키고 발음해 본 사랑은
단번에 얼굴을 밝히고
너는
여전히 나를
너 같은 눈빛으로
내가 너의 것인 것처럼

획마다 마음을 잘라 넣었어

이를테면 꼭꼭 씹어 먹으라는 말
꿈 없이 달게 자라는 말
네 생각을 시간 들여서 했다는 말

오늘 꿈에 네가 나왔으면 좋겠어
우리에게 사랑이 한없이 관대했으면 좋겠어

더위를 건너 추위를 견디고
봄을 마주했으면 좋겠어

영원구원소원영화사랑음악

영원을 염원하는 우리는
구원받지 못할
소원을 품고
영화 같은
사랑을 꿈꿔왔지만
음악 같은 사랑은 경험한 적 없었기에
며칠을 열병에 시달리며
새긴 낭만 한 줄에도
온 세상이 흔들리고는 했다

As you wish

같이 만들고 싶어
크리스마스 케이크

너는 너의 소원을
나는 나의 소원을
실눈 뜨고 빌지만
서로의 소원에
서로는 빠질 수 없을 것

우리의 크리스마스가
영원할 수 없다면
내년 크리스마스에도
함께 할 수 있었으면 좋겠어

크리스마스에 눈이 오면 소원이 이루어진대
나는 너랑 내일도 사랑하게 해달라고 빌었어
이루어질 것 같아

눈사람

아프지 않았으면 좋겠어
적게 울고 많이 웃고
이렇게 행복해도 되나 싶을 정도로 행복했으면 좋겠어

나를 만들어 낸 순간에
네 눈이 얼마나 반짝였는지 아니?

나를 너의 것으로 이름 짓는 순간에 말이야

목소리를 잃고
다리를 잃고
이렇게 땅에 처박혀 녹아갈 운명이라지만
녹아 소멸하는 마지막 순간에 너와 눈을 마주한다면
아무것도 원망하지 않을 거야

온 세상이 다 하얗게 뒤덮인대도
너의 그 눈빛만큼은 영원할 거라고 믿어

동그란 돌멩이 두 개
내 녹은 심장과 두 눈을 너에게 줄게

겨울이 오면 우리 다시 만나자

봄

알죠 자꾸만 말이 짧아지고 마주치지 못하는 눈 단어를 곱씹게 되고 사랑의 여러 형태에 대해 공부를 해 첫눈을 같이 맞으면 사랑이 이루어진대요 진부하기 그지없는 말만 혀로 씹어댈 뿐이고 엉망인 일기예보를 눈여겨보는 마음 춥다는 한마디에 핫팩을 들었다가 놓는 손 잃고 싶지 않아요 멀어지고 싶지 않아 손을 잡고 싶은데 내 손은 너무 차요 터지는 웃음 빨은 발그레 당신은 사랑이 어울리는 사람이에요 네 발자국 옆에 나란히 서 있어 춥죠 함께 있으면 조금은 덜 추울 것도 같아요 함께 있으면 봄이 올 것도 같아요 그렇죠 우리는 자꾸 할 수 있을 것만 같은 마음으로 주저하고 계절은 계절이 되기를 주저하고 그럼에도 눈은 오고 우리는 우리가 되겠죠

눈을 닮은 아이

눈
고요
차가워
포근하고
너를안으면
세상을가진것
도같았어너는눈
을닮은아이네가속
한계절을사랑하는건
내운명같아알고있어?

심장은 분명

뚝 뚝
녹아버린 촛농
얼음에도
벌건 화상을 입고
멍한 눈으로
죽여달라 말했지

나는 살라고 했어
너를 위해 살기 싫으면
나를 위해 살라고

삼키길 고민했던 강력 본드와
목덜미를 기어다니는 개미 떼
헤집어 놓은 상처와
고속도로 한복판의 읽히지 못한 편지

약을 먹을수록 헷갈리는 어제와 오늘의 일
너와 입을 맞춘 일이 꿈인지 현실이었는지 헷갈려
그러니까 다시 한번만

심장은 분명 달 거야
그러니 이렇게 해로울 수밖에

나는 엉망이야
그래 나도 그래
나는 죽는 생각을 매일 해
나는 죽고 싶을 때마다 웃어
너 엉망이네
그래 나 엉망이야

나는 웃었고
너는 내게 안겨
품을 가득 채운 체온이 오늘을 살게 하고
나는 취했을 때만 편지를 쓴다

아무것도 안 하는 날

오늘은 아무것도 안 하는 날이야
아무것도 안 해도 절대 죄책감 가지지 않기
손가락 걸고 약속해
도장은 입맞춤으로
생각 많아지는 사람이 지는 거야

도톰한 입술을 가만히 바라보다가
피식 새어 나오는 웃음

왜 이렇게까지 귀여워?
네가 없는 나를 얼마나 무너지게 만들려고
너는 그럴 일 없다며 머리를 쓰다듬고
나는 그래도 좋다며 허리를 끌어안아

눈이 와 만조야
세상에 우리만 있는 것 같네
오늘은 정말 그런 날이니까
침대에 누워 시체 놀이를 하고 질리도록 책을 읽자
그런 다음에는?
우리 이야기를 쓰는 거야

우주 도망

도망가고 싶어지면 말해

철 지난 상처
뻣뻣한 셔츠를 걸치고
마른 애인의 손가락을
겹쳐 잡는다

도망가고 싶어지면?

무슨 수를 써서라도 도망친다
그리고 다시 돌아오기

돌아오기 싫으면?

그래도 돌아와야 해
돌아오지 않으면 정착이 되잖아
또다시 도망가고 싶어질 거야
그렇게 도망가다가는 이 행성에 발 디딜 곳 없을걸

그래도 좋으면

그럼 같이 우주로 떠나는 거지
우주 도망은 품이 많이 들어

몇 년은 더 살자

운명을 믿어요?

너는 빛나기로 작정하고 태어난 사람
반짝이길 운명으로 여기는 너는 정말로 그런 사람이 되었지

네가 한없이 반짝일 때면 그런 널 받아 나는 잠시나마 눈을 뜰 수 있어
운명을 믿어요?
너는 그렇게 물었고 나는 네가 비쳐 드러난 흉터를 옷소매로 당겨 숨겼지
운명은 잘 모르겠고 네가 지나치게 빛난다는 건 알겠어

퉁명스럽게 던진 말은 이제야 수치스럽고
면역력이 바닥인 난 전염성이 강한 사랑 따위 당해낼 힘이 없었지
속절없이 너를 사랑하게 될지도 모르겠다고 생각했어

나 너를 사랑하게 될 운명이었다고
빼어나게 빛난다는 뜻을 가진 내 이름은
사실 빼어나게 빛나는 너를 사랑하게 될 것이라는 뜻이었나 봐

오역된 이름으로 평생을 살아왔으니
네가 없던 내 일상 같은 건 쉽게 잊어버릴게

영원을 믿어?
내가 물었고 너는 내 어둠을 끌어안고는 고개를 끄덕였지
짙게 배인 파랑은 네 푸름에 무너져 내려

영원을 믿게 될지도 모르겠다고 생각했다

첫눈

시간 내서 내 생각 좀 해줘
너의 누구보다
더 많이 사랑해 줘

꽃을 꺾고
콧잔등에 잎을 비비고
종말하는 지구를 방관하고

눈이 내린다
첫눈은 아니야

너는 창문을 바라볼 뿐이고
적막은 나를 긴장하게 해

첫눈 내릴 때 어디 있었어?
너는 왜 내가 필요할 때마다 없어?

목소리는 쓸모를 잃고
눈처럼 강처럼
얼어붙거나
흘러 녹을 뿐이고

펼쳐본 생존법엔
도망가라는 말

우리 도망갈까?
너에게서 도망쳐야 할 이유를 모르겠어

취약한 계절

고작 삼십 분을 걷기가 힘들다 여름을 기다리던 마음은 꼬깃하게 접히고 곳곳에 곰팡이가 포진해 버려진다 이제 겨울을 갈망하는 너 여름은 원망과 서러움을 머금은 채로 상해간다 냉장고 속 유통기한 훌쩍 지난 쿨피스처럼 내 사랑은 늘 뜨거운 탓에 자주 데이고 지치게 하지 지친 너의 얼굴엔 눈물 대신 더러운 땀방울이 가득 날 사랑한다고 말하던 네 목소리는 이제 공식을 외우듯 집착적이고 건조해 사랑하기에 취약한 계절이다

한 마디 초록

어그러진 햇빛의 굴절
그 애 속을 까맣게 태울 때면
얄팍한 마음 한 조각 얹어주지 못한 채로
나는 자꾸만 미끄러졌다

우리의 상아는 푸른빛
오만함을 빚어 만든 뿔
비뚤어진 마음이 저울질을 친다

네게 품는 마음이 사랑이 아니라는 것 따위는
애초부터 몰랐던 적이 없었고

평생 그렇게 살라는 말에
답하듯 입술을 맞물렸지
은유만 머금은 채로

너는 나의 초록이야
평생을 푸르게

잘 자 사랑해

잘 자 사랑해
매일 같이 사랑을 말하고
지겹게 사랑해

맥락 없는 고백과
의미 잃은 이름을 선물하는 마음

우리는 연인이야?
연인이야
인연이고
사랑이지

하지만 나 더는 상처받을 자신이 없어
너는 사랑이 상처니

너는 반달 모양 손톱을 보여주고
빗지 않은 머리를 쓰다듬고
심장 박동을 듣게 했지

그래 사랑은 상처가 되기도 해
반드시 상처가 돼

숲

이마를 맞대고
추락해도 좋을 꿈을 꾸자

폭설이 내리는 숲
초록과 하양으로 이루어진
우리는 일부러 길을 잃고

눈으로 적은 신호는
누구의 눈에도 밟히지 않고

우리의 발자국만 가득한 숲은
꼭 우리가 세상의 전부 같이 느껴지게 해

우리는 전부야
우리는 숲이 될 수도 있지

2부

폭설

2월 29일

나는 우리의 비밀을 기억한다
사랑했지만 죽어버린 것들을 바다에 던져버리자고
그렇게 된다면 우리는 또 사 년을 살아남을 것이라고

찢어진 상처에 팔뚝을 밀어 넣고
구원받지 못할 마음들을 잡아 뜯었다
푸른 바다에 던져진 그것은
거센 파도로 되돌아오고

불행의 얼굴을 하고 맞는 파도는
우리의 사인을 익사로 종결시키기 쉬웠으므로
꽁꽁 언 두 손을 맞잡고 우리의 이야기는 종말을 맞는다

우리는 바다를 유영하고
네 눈을 볼 때마다 나는 백사장의 깨진 모래시계가 돼

Ask 사랑을 알려줘

나도 너처럼
힘들이지 않고 사랑할 수 있게 되면 좋겠어
겁먹고 날 선 내가 버겁진 않니

흘려들은 사랑 고백과
박한 속삭임
약해질 때만 널 사랑하는 것도 같아
무릎 꿇고 울었지
사랑을 알려줘
나 좀 고쳐
제발

눈썹이 휘어지는 모양을 기억해
네가 날 사랑할 때 짓는 표정
내 것이 될 수 없는

야 나도 사랑하고 싶었어

비쩍 마른 가지를 정리하고
마른 목을 울음으로 축이고
눈을 뭉쳐 삼키고
녹아버리길 기다리는 것처럼

겨울을 돌려줘

너랑 같이 행복 못해

빠그라진 캔맥주
위에 눈송이
나눠 피운 담배
눈밭에 처박히고
일곱 개의 별
사인은 추락사

눈을 마주하고는 창백하게 시들어
어디 가지 마
나 버리지 마

행복할 수 없다는 말에
나는 시들고
마침내
비슷한 행색으로
우리는 왈츠를
또는 재즈를
아니 주제넘게
사랑을

날이 매서워질수록 걸치는 천 조각은 얇아졌고
우리가 얼어 죽길 기도했어

겨울은 붙어먹기 좋은 계절
저 미친 커플의 미완성 꿈에 살고 싶어

바다를 날 수 있을지도 몰라

D2Ar

뒤척이는 새벽
너 대신 끌어안은 베개
손금부터 차오르는 서러움으로
너를 찾으면 너 올까

진심으로 대하면 진심이 온다던데
도착한 택배를 뜯어보니
옆구리가 눌린 나의 진심이

아, 내게 올 진심 따위 없구나

오늘 밤은 진심을 끌어안고 잠을 청해야겠다
서러워도 눈물은 흘리지 말아야지

좋은 사람이 되고 싶다던 너는
택배를 반송하며 무슨 생각을 했을까

서툰 낭만
면도날 같은 파편이
가슴 한가운데를 자꾸만 벤다

기억 너머로

넌 내게 이별을 고하고
말했지
앓던 이가 빠진 것 같다고
홀가분한 표정을 마주한 순간
아무 말도 할 수 없었어
요정도 바라지 않는
상한 이처럼
바닥을 굴러다니다
사라지겠지
기억 너머로
다시는 꿈에서도 마주치지 않을 곳으로

네 소식은 들었어

메시지 함:

28개

최신 메시지:

원,

아직 거기 있어?

나 아직 네 생각해.

너는 미간을 구깁니다
한숨을 쉽니다

한 번도 읽을 수 없었던 표정을 떠올립니다
덜컥

눈가가 붉게
마음이 차갑게
실종된 사랑과 공허의 맛을 가진 나의 혀
알코올의 쓴맛과 머리를 울리는 단맛

우리의 결말은 이런 모양입니다
너의 결핍은 여전히 결핍입니다

네 소식은 들었어
아직도 술만 마시면 전화하는 개 버릇 못 고쳤니

나는 잘 지내
그러니까 들쑤실 생각 말고 제발 너 알아서 살아
나는 너 안 보고 싶어

너는 입술을 깨뭅니다
우리가 나눠 가진 흉터는 겨우 이런 모양입니다

네 소식 좀 들려줘

메시지 함:

25개

최신 메시지:

영,

다시는 볼 일 없을 거야.

너는 평생 그렇게 살아.

나는 마지막 메시지에서 눈을 떼지 못합니다
한때는 거짓말 같았습니다

너는 마치 한숨 같아서
영원처럼 곁에 있을 것만 같았습니다

권태로운 내 심장을 도려내
네 상처를 무효로 만들 수만 있다면
조각내 쥐여주고 싶은 심정입니다

철 지난 상처는
손에 쥐면 뭉개지는

절망입니다

너는
굳이
약속을 지키는 바보입니다

늦게 맞는 사랑
마음이 파랗게 죽으면
너는 다시 내게 올까요

우리의 결말은 이런 모양입니다
나의 갈망은 여전히 갈망입니다

네 소식 좀 들려줘
나 아직도 취하면 네 생각이 난다? 하루 종일 생각하다가
또 취해 그럼 네가 올 것도 같아서
나는 너 보고 싶어
근데 있지 나 너 안 올 거 알아

나는 한숨을 쉽니다
우리가 나눠 가진 흉터는 겨우 이런 모양입니다

못난

못된 성정 못 버렸어
알아

영원이 정말로 있다면
사랑은 계속해서 사랑이어야 하는 거 아니니

볼품없는 내 사랑과
꺼져버린 스위치
감은 눈으로만 볼 수 있는 너

영원이 정말로 있다면
눈을 떠도 사랑이어야 하는 거 아니니

나쁜 꿈에만 찾아와
속삭이는 너

네가 내 인생을 망쳤어

그래 내가 네 인생을 망쳤어
그리고 나도
망쳤지

용서할 수 없을 것 같아

네가 없는 한국은 상상하고 싶지 않아

우리의 헤어짐을 직감하던 날
더운 나라에서 종일 잠을 자고 까만 하늘을 뒤져 달을 찾았지
달을 보니까 네 생각이 났어
우리는 결국 헤어지겠지만 그럼에도 불구하고 너를 사랑할 거야

생일 축하해
자정이 되면 꺼지는 촛불
네가 비는 소원에
나는 없어

네가 오길 기다리며
연체시킨 나의 미래에도
너는 없지

촛불이 꺼지는 순간
기어코 지워버린 꼬리표
빨간 실이 엮여 있다는 손가락을 스스로 절단하고
너를 밀쳤다

나는 너를 너무 사랑해서 미워하고 싶지가 않아
그러니까 이쯤 하자

망한 사랑 컬렉터

망하지 않으면
사랑이 아닌 것 같아

꼬깃하게 쥐고 있던 쪽지는
네가 써준 내일의 약속
이제는 아무 의미 없는

잉크가 닳아 지워질 때까지
문지른다

사랑인 줄 알았는데
동정

너는 미안한 기색으로
커피잔을 노려보고

나는 괜찮은 척 웃어
얼음이 녹는다

안 되는 거잖아
그럼 우리 여기서 접자
아무것도 아닌 것처럼
반듯이

울지 않는 그녀
너는 울음이 없고
나는 쏟지 않는 법을 익힌 사람

또다시 망하면
사랑은 이런 거구나 생각할게

미열

이해할 수 없는 것들이 많아질수록 화재경보기를 삼킨 것처럼 대가리가 아팠다. 관자놀이부터 미간까지 찌잉하고 울릴 때면 확 오르는 열에 한숨을 푹푹. 억눌린 마음을 꼭꼭 씹느라 늘 미적지근하고 찝찝한 열감과 함께해야만 했다. 한동안 잠잠하다 했더니 또다시 말썽이었다. 오늘은 몇 개의 약을 씹어 삼켜야 이 열기를 멎게 할 수 있을까. 병명은 꾀병, 또다시 사랑을 갈구한 죄로 꼬박 두 계절을 앓을 것이다. 곧 네가 문을 열고 들어오겠지. 그리고 또 그런 얼굴로 그런 말을.

"장난 같은 관계 그만하고 싶어."

난 한 번도 장난이었던 적이 없어
너는 장난이었어?
사랑한다고 했잖아

보기 좋게 망가져서

안녕 잘 지내니
10월이야

나는 눈오리 만드는 것에 재능이 없고
술에 취하면 기억을 반쯤 팔아 숙취를 샀지

멍이 든 무릎과 깨진 발가락을 끌어안고
너를 부르면 너는 울먹였어
내 파랑이 너를 죽이기라도 할 것처럼 말이야

많이 무서웠니
우리 관계의 유효기간이 나빠지는 기억력만큼이나 짧아질까봐

오늘은 처음으로 낙엽을 밟았어
낙엽은 언제나 낙엽이었는데
초록이 노랗게 빨갛게 물들었다는 사실을 이제야 알게 된 거야

바스락
바스락

한숨처럼 낙엽을 짓밟고
추락하듯 그 틈을 파고들었지

쉽게 바스러지는 것들이 내 살갗에 뭉개지고 흐려져
이렇게 10월을 전부 파묻혀 보내면
나도 흐릿해질 수 있을까

보기 좋게
망가져서

우리가

천 원에 두 번 인형 뽑기 못생긴 인형을 선물하고 웃었지 젖은 한숨 너 때문에 머리가 다 아파 케케묵은 행주를 들어 책상을 닦고 눈물을 흘리고 말에 가시가 돋친 거 아니 네가 사랑한다 말할 때면 난 자꾸만 외로워지는 걸 견뎌야 해 나는 아직 사랑이 어렵고 연애도 무서워 연애가 그렇게 무서워 무릎을 끌어안고 우는 너 내 사랑이 아프니 내 사랑이 달갑지 않구나 손을 놓고 가슴에는 시퍼런 멍이 명명하지 못할 우리의 관계는 취소 버튼 하나로 뭉개져 버리고 이제 남은 내 마음은 어찌해야 하나 마음 편히 웃어본 적 있어? 아니 없어 나는 네가 행복했으면 좋겠어 건강했으면 좋겠고 너무 오래 아프지 않았으면 좋겠어 그러려면 네가 필요해 나는 말 대신 입술만 씹고 너는 가

해파리

해파리는 영생 동물이라는데
실은 그건 극히 일부인 거 알아?

주위를 둘러봐
발에 엉키는 모든 것이 다 죽은 해파리라고

이렇게도 흔한 죽음을 눈앞에 두고도 영생을 믿니
정말 영원 따위를 믿니

너는 파랗게 질리고
나는 네가 잠기는 걸 지켜만 봐

영
원
으
로

귀결되는 우리는 없을 것이며

심해 같은 마음은
헤집을수록 엉망이어서
우리는 허겁지겁 문장을 집어먹고도
허기진 새벽을 보낼 것이고

ㅇ

속이 시원했으면 좋겠어
나는 눈이 오면 너를 생각하고
내가 네게 했던 말을 생각하고
울먹이며 물러지는 목소리를 생각하고
끝없이 밀려오는 그리움과 외로움을 견뎌야만 해

극적인 장면 전환
너는 우리가 뭐라도 될 줄 알았다며
눈가를 적시고

나는 네가 슬픔을 뭉쳐 만든 눈사람을 부숴
너의 손은 빨강
나는 무채색 마음을 가졌고

우리의 교집합은 지나치게 애를 쓴다는 것
얼어 죽어간다는 것

서로가 가진 색을 나눠 가질 일은 없을 것이고

나를 만드는 공허함을
적막에서도 귀를 찢는 소음을
오역해서 받아야만 했던 사랑을

너는 이해할 수 없어

인어가 된 집

"다시는 돌아갈 수 없다는 것쯤은 알고 있어."

새로 고침 한 번에 다시 재생되는 영화 한 편처럼 내 사랑도 새로 고침할 수 있다면 얼마나 좋을까. 불안은 약점, 불안을 촉매제로 집어 든 사랑은 결과 뻔한 B급 영화. 클리셰가 빼곡한.

어느 시골 이름 없는 극장에서 영화는 상영된다.

주인공은 태생적으로 타고난 외로움에 허덕인다. 키가 자랄수록 집어먹는 파랑의 수가 많아졌다. 밤낮으로 쌓여가는 빈 봉지. 초록, 파랑, 핑크. 그래 망할 색깔들. 목덜미에 비릿한 아가미가 돋아났다. 주인공은 숨쉬기가 버거워진다. 뻐끔뻐끔, 귀는 먹먹. 아무에게도 보이지 않을 정도로 얇은 막이 온몸을 둘러싸고 주인공 몫의 산소를 앗아간다.

뻐끔,
다시는
다시는 말이야.
쉽게 내민 무언가를 구원이라 믿지 않을 거야.

추신

P.S.
(추신에만 진심을 보여줄 것)

안녕으로 시작한 편지가
길어질수록
나는 자꾸만 문장 뒤로 숨게 돼

사랑해는
왜 사랑해 달라는 구애 같은지

들러붙은 껌처럼
나는 신발 밑창에 달라붙고
너는 나를 거추장스럽다는 듯이
경멸할 뿐이지만

사랑해
너는 추신에서만
나를 미워하지

마지막으로

그날 너는 나를 보러 왔지
그렇지만 보진 못했어
손에 쥔 생수통은 까드득 소리를 내며 추락하고
너는 빈 바다를 노려봤지 까만 바다만

"후회하지 않아?"

주인공은 가만히 엎드려 누워 마룻바닥으로 스며드는 물을 핥았다. 갈증은 여전하고 주마등 같은 건 없었다. 뭐든 자동으로 쥐어지는 게 없던 삶이었지만 남들 다 겪는다는 주마등 따위도 없다니 퍽 꼴이 우스웠다. 뱃가죽에 아릿한 통증이 느껴진다. 등에서도 삐끗해 퉁퉁 부은 발목에서도 같은 통증이 느껴졌다. 뻣뻣하고 딱딱한 비늘이 돋아나는 것이다. 주인공이 작게 신음했다.

"그러게 사랑 같은 거 하는 거 아니랬잖아."

"널 위해 물 한 병 정도는 뿌려줄 수 있어."

"그렇지만 그것뿐이야."

"너는 다시 말라 죽겠지."

바다는 바다

바다는 바다
너는 너
나는 나인데
우리는 왜 우리가 될 수 없을까

비가 오면 남들 모르게 우비를 거꾸로 입고 바다로 향했다. 파도에 던진 우리의 파랑이 너무 짙었던 탓일까. 이제는 혼자 남겨진 바다가 모든 것을 집어삼킬 듯 까맣기만 하다. 혹 네가 나의 바다에 검정을 풀어버린 걸까. 다시는 바다를 위안 삼지 말라고 너는 그럴 자격조차 없다고 말이다. 자격을 논한다면 할 말 없지만 그렇다고 아무렇지 않은 것은 아니다. 바다에 얼굴을 비춰본다. 까맣게 멍든 내 얼굴이 꼭 죽은 사람 같다. 바다에 심은 파랑이 언젠가 나를 저 아래로 끌어내릴 것이다. 사랑을 모르겠다는 너는 내 심장을 재단해 사랑 찾아 떠나고 나는 검붉은 피만 울컥. 뜯겨나간 살점이 마구잡이로 덧나 울퉁불퉁 못난 살이 튀어나온다. 빌어먹을 사랑 따위 모르고 싶다고 생각했다.

J

사랑이 뭘까? 어학 사전을 뒤지고 검색해 봐도 도무지 알 수 없는 감정. 전에는 알 것도 같았지만 이제는 전혀 모르겠는 그 감정이 여전히 골머리를 앓게 했다. 예전만큼 순수한 마음은 흉내 내지도 못할 것을 나는 안다. 진심으로 달려드는 것이 얼마나 많은 상처를 가지고 돌아오는지도. 장난처럼 내뱉은 사랑이 누군가에겐 전부가 될 수도 있다는 것을.

나도 누군가의 전부였을까.

사랑 이야기를 하면서도 사랑을 모른다고 말하는 사람. 오만이고 모순이다. 끼고 살던 술을 단번에 끊어버리고 죽은 애인의 책을 빌려 읽었다. 오탈자가 가득한 이름 모를 시인의 시집이었다.

드문드문 끊긴 기억.
아무 일도 없이 지나간 기념일.
덧난 상처.
떠올릴 때마다 주저앉게 되는.

외로움을 많이 타는 사람.
네가 정의한 나는 그런 사람이었나.

고작 시가 외로움에 잘 드는 약이 된다니. 헛소리라고 생각했다.

그 말만을 남겨두고 떠났으니 헛소리가 아닐 리 없었다. 네가 읽은 모든 문장을 갈기갈기 뜯어야만 엉망진창으로 구멍 난 마음이 채워질 것 같았다. 너보다는 내가 날 더 잘 알지 않겠니. 나는 문장이 아니라 네가 필요해. 너는 왜 고작 시가 되었니.

세탁소

휘발된 기억 끝자락을 붙잡고
은유 섞인 활자로 유기를 보류시킨다

영원히 남을 흉터
너를 기억하는 일은
미소를 짓는 것보다 쉬웠고

눈을 깜빡이는 것을
의식한 순간부터
내 모든 건 가짜가 된다

숨을 쉬는 것
침을 삼키는 것마저
기록되고 중첩된다

715번의 날숨
기한부 사랑과
진흙이 묻은 운동화 한 켤레
시들어 부서진 드라이플라워

동전을 넣어야 작동돼요

칠이 벗겨진 글자를 손톱으로 긁으며
연료로는 타이레놀 두 알과 사카린 한 봉지

저는 왜 여전히 가짜인가요

소음으로 분류되는 사랑의 말

왜 파랑은 사랑이 될 수 없는 걸까

자동 응답기의 무미건조한 목소리처럼
쩍쩍 갈라진 우리의 주파수
다시는 영원히 맞물리지 않을

우리가 우리로 불릴 수 있던 유일한 연결선은
단칼에 잘려버린 동아줄처럼

아물고 덧나길 반복하는 상처
흉 질 게 뻔하고

매미 풀벌레 소리
적막의 레퀴엠
소음으로 분류되는 사랑의 말

나는 언제나 사랑하고 싶어
애쓰는 사람

사랑을 알게 되면
그때는 내가 널 사랑할게
너는 날 버려

아픈 손가락

영원할 것 같던 우리가 고작 사랑 하나에 병들었다는 사실은 푸석해진 마음 한 칸을 전부 적시기에 충분했다. 사랑받고 싶어 허우적대던 지난날들이 무색하게도 너의 존재만으로 위로받던 순간들. 유난히 조용한 너와 소리에 예민한 나. 너의 고요를 가만히 매만질 때면 소란스러운 새벽도 평안을 되찾았기에 애석하게도 나는 그 고요가 영원할 것이라고 생각했다.

오만이었다. 손을 뻗으면 닿는 거리에서 우리는 일종의 루틴처럼 매일을 추락했고 보라색으로 멍들어 썩어가는 손가락에 서로의 이름을 붙였다. 죽은 살덩이는 잘라내야만 한다는 것을 너무 오래 알지 못한 채로.

스무 살, 우리는 서울 한복판의 비행 청소년처럼 길거리를 헤맸다. 티브이 속의 제야의 종소리 대신 클럽 앞 길게 늘어선 사람들의 카운트다운과 환호 소리를 들으며 우리가 우리만의 파랑에 골몰할 수 있는 장소를 찾아서. 시린 코끝과 빨갛게 물든 귓바퀴 같은 건 아무래도 상관없었고 머리를 하얗게 세게 만드는 눈송이가 우리의 영원을 약속해 주는 것만 같았다.

안녕나야잘못채운단추가

잘못 채운 단추 때문에 셔츠에는 주름이 졌어
그건 꼭 파도 같기도 다시는 이어지지 않을
마음의 균열 같기도 했지

안녕 나야

너는 나를 자꾸만 쓰게 하는 사람
내가 쓸 때면 너는 나를 응원했지만
사실은 말라가고 있었다는 것을 너무 늦게 알아서 미안해

진절머리 난다는 듯 나를 떠나버린 네가
네 가시 돋친 말들이 가끔은 내 눈과 귀를 감싸고는
저 멀리 끌고 내려가
한 번도 본 적 없는 파랑과 검정을 딛고 서서
우리의 마무리가 왜 꼭 그런 형식이어야 했는지
묻고 또 물어

너는 왜 말하지 않고 나는 왜 알면서도 묻지 못했을까

이건 네 이야기야
네가 남긴 내 못난 흉이고
평생 안고 살 그리움이야

잘 지내

외로운 사람

내가 있어도
너는 외로운 사람
잠에 드는 순간까지 걱정했어
눈 뜨면 네가 없는 세상을 마주할까 봐
내가 잠드는 순간이 외로워
너는 훌쩍 떠났다
영원히 닿을 수 없는 종착역
놓쳐버린 표를 쥐고
갈팡질팡 절망 속을 떠다닐까 봐
나는 네가 있어도 괴로워
우리는 같은 모양새로 거꾸러지고 죽어가
속이 까맣게 썩어버린 사과처럼
악몽 속엔 네가 있지
우린 행복 못해
사랑도

이 겨울이 다 가면 너를 지우려고

뒤를 돌아본다
크고 작은 발자국
너와 나의 것

습관처럼
쏟아버린 기억은
하얀 입김처럼
뿌옇게

우리를 닮게 조각한
작은 두 눈사람을 기억해
혹은
녹을 때까지 호호 불던 빨간 손가락을
그 뜨겁고 찌릿하던 감각을

식을까
품에 안고 뛰던 두 마리 천 원짜리 붕어빵을
서로의 상처를 뜨끈하게 달궈주던 전기장판을
손가락이 노랗게 물들도록 까주던 귤의 맛을

겨울꽃이 다 지면
우리도 녹아버릴 수 있을까

쌓이는 눈송이에 묻혀버린
너의 발자국처럼

스파크
불꽃이 튀고
또 뿌연 연기가

이 겨울이 다 가면 너를 지우려고

자멸한 네 사랑은

세상 멀미가 심한 나는
계절의 변화를 온몸으로 맞는다

봄에서 여름으로
여름에서 가을로
가을에서 겨울로
또다시 봄

환절기마다 겪는 잔병치레
곰팡이처럼 두드러기가 퍼질 때면
나의 불안은 너를 지치게 했기에
너는 열병을 앓는 나를 지나치게 혼자 두었지

외면해 버린 상처 곪아 터진 외로움으로
사랑이 뭐냐고 묻는 내게
강하게 커야 한다는 속삭임만을 남긴 채로
자멸한 네 사랑은
네게는 한 줌
내게는 우주를 두어 번 횡단할 만큼 컸기에

나는 여전히 자라지 못하고

진심

시간 내서 내 생각 좀 해 너도 내가 얼마나 진심인지 알고 있잖아 장난기 섞인 얼굴은 어디 안 가고 담배 냄새가 싫다는 너의 말에 캡슐을 깨문다 그건 우리의 불행을 묻은 타임캡슐 캡슐이 쪼개지는 찰나 너는 눈물을 삼키고 나는 희미하게 웃는다 라이터 위로 작게 솟은 불이 우리를 밝히고 네 얼굴이 잠깐 스친 것도 같아 눈물길로 축축한 뺨이 반짝이면 나는 또 너를 빛나는 사람으로 착각하지 있지, 나 사랑 같은 걸 하는 것도 같아 네 손가락 마디마디를 훑으며 눈을 맞춘다 너는 무너지고 나는 사랑을 모방해

여름겨울눈사람

여름겨울의 눈사람을 아시나요
비와 눈이 동시에 내리던 그날을요

우리는 옷장 앞에 한참 서서
반팔과 긴팔 중 뭘 입어야 좋을지
골몰했습니다

10월이었죠
반팔을 입고 나간 사람은 얼어 죽었다고 들었습니다

알 수 없는 계절이 무르익고
반쯤 정신 나간 사람들이 거리를 활보했습니다

우리도 별반 다르지 않았어요
술에 취해 땅을 기어다니고
뭉개진 발음으로 사랑을 읊었죠

사랑을 믿나요
잘 모르겠어요

일기예보는 더 이상 믿지 않습니다
낙원을 찾아 도망간 곳에 낙원은 없습니다

우리는 여전히 우리고
사랑은 영원히 물음표니

3부

겨울 입술에 남은 말

춥다 겨울

우리는 엉망이지?
응 엉망진창이야

미간이 구겨진다. 빌어먹을 겨울이 또 온다는데 왜 하늘은 눈물을 흘려대는 건지 알 도리가 없다. 도해가 한숨을 푹 쉬며 커피를 한 모금 넘겼다. 흙탕물 맛이 나는 아이스아메리카노였다. 이 맛없고 독한 액체가 오늘 하루를 버티게 하니 마시지 않을 방법 또한 없었다.

〔영원은 없대.〕

실없는 소리. 영원이 없다는 것 따위는 누구나 알고 있는 사실이다. 영원히 사랑해, 영원하자 같은 말을 믿을 만큼 순진하지 않았고 영원을 누설하는 인연이 어떠한 방식으로 상처를 입히는지 잘 알고 있었다. 도해는 발신인 불명의 문자를 여러 번 곱씹고는 답장했다.

〔사랑은 소모품이고.〕

사랑은 소모품이다. 전부 소모해 버리면 내용물 없는 쓰레기로 분리수거되거나 그것조차 안 돼 마음 한쪽에 장애물로 자리 잡는다. 그리고 사랑의 톱니바퀴에 거슬리게 잡음을 남기는 것이다. 적당히 눈치채지 못할 정도로만. 상대가 답장을 쓰는 듯 작은 점 세 개가 화면에 나타났다가 이내 사라졌다. 장난 문자인가. 참 싱거운 사람이라고 생각했다.

새벽 산책

무기력하고 적막한 건 마찬가지였지만 굳이 따지자면 새벽의 쌀쌀한 공기를 집어넣는 편이 좋았다. 무작정 겉옷 하나 걸치고 나선 바람에 지갑이 없어 물 한 모금조차 마실 수 없었다. 도해가 짜증스럽게 머리를 쓸어 넘기고는 신발 밑창을 바닥에 긁어 탁탁거리는 소리를 내며 걸었다. 빨갛게 언 손의 감각이 흐릿해진다. 훌쩍거리는 게 감기에 걸리기 딱 좋은 모양새였다.

언제부터인가 잠에 드는 것이 병적으로 힘들었다. 몇십 분 간격으로 깨는 건 물론이고 반복적으로 꾸는 악몽 탓이었다. 사실, 악몽이라고 하기엔 우스운 수준이었다. 온통 초록빛 세상에서 나만이 계속해서 검은 곳으로 빨려 들어가는 꿈. 도망치려고 붙잡은 문고리가 잠겨 있는 꿈. 겨우 열고 들어서는 순간 무언가를 잃어버리고야 마는 꿈. 남에게 발설하기엔 개꿈이라며 비웃음당하겠지만 분명 내게는 고통이었다. 잠에서 깰 때면 온몸을 흠뻑 적신 식은땀에 종일 기분이 찜찜했다. 정말로 무언가를 잃어버린 것만 같았다. 이를테면 마음 같은 것.

오늘도 그런 날이었다. 달빛 아래 멍하게 걷던 도해가 걸음을 멈춰 눈앞의 건물을 바라보았다. 철거가 중단된 상태로 방치당한 옛날 주공 아파트였다. 아파트 군데군데 덩굴이 흉하게 자라 더욱 흉흉해 보였다.

럭키 아파트.

이런 곳이 있었나. 매번 걷던 산책길과 조금 다른 코스로 돌았을 뿐인데 처음 보는 건물을 그것도 폐건물을 마주하게 될 줄이야. 도해는 손을 주머니에 찔러 넣고 한참을 같은 자리에 서서 아파트를 바라보았다. 이 동네 토박이였지만 아파트의 존재를 알아챈 건 오늘이 처음이었다. 수상하기 짝이 없었다. 혹시 아직 꿈속인가. 도해가 의심 가득한 얼굴로 아파트를 노려보다가 가까이 다가갔다.

다시 꿈으로

절대 놓으면 안 돼

또 그 꿈이었다. 소중한 것을 잃어버린 것만 같은 느낌. 나보고 뭘 어쩌라고…… 울컥 눈물이 차올라서 그냥 울어버렸다. 아파트를 발견한 이후로 꿈의 간격은 더 좁아졌다. 계속 뒤척이는 바람에 덩달아 깨어버린 원이 도해의 등을 쓸어주었다.

"원."
"응, 도해야."
"절대 놓으면 안 되는 걸 놓쳐버리면 어떻게 할 거야?"
"다시 잡아야지."
"놓으면 안 되는 게 무엇인지 잊었으면?"
"나라면 그냥 잊어. 근데 너라면……"

기억의 끝까지 헤집어서 찾겠지. 그 대상을.

말라가고 있었다. 그래, 찾아야만 이 열병이 나을 것 같았다. 도해는 미간을 잔뜩 구기고 눈물을 훔치다 다시 검정으로, 꿈속으로 빨려 들어갔다.

이 문을 열고 나가면…… 찾아야 해.

사랑해, 도해야.

내 손 놓으면 안 돼.

안심시키는 얼굴이 순식간에 눈물로 번지고 꼭 잡았던 손은 힘을 잃어간다. 납덩이처럼 무거워지는 여자를 놓지 않으려 팔을 뻗었지만 놓쳤다. 우리는 우리가 될 수 없다. 그리고 온통 하얗게 변하는 장면. 눈을 느리게 감았다 떴다. 밀려오는 빛에 적응하기가 어려웠다. 도해가 공허하게 비어버린 손을 허망하게 바라보다가 고개를 들었다. 럭키 아파트였다.

꿈속을 헤매는 사람에게

잘 다녀오라는 말 한마디에
하루를 끈질기게 버텨낸다

세상은 외줄 타는 나를 자꾸만 밀치고

사람은 어렵고 싫고 시끄러워

다 싫은 세상에 너 하나만 좋아

네가 있어 오늘을 버티고
나는 네가 없이는 아무것도 아니야

무너진 통조림
녹아버린 눈사람
흩어진 모래알
흔적도 없이 사라지는 기억들

너를 잃으면 나를 잃는 거야
너와 영영 우리라는 이름으로 엮이고 싶어

꿈속을 헤매며
너를 기록하며
찾고 있어

영원으로 남겨질 말

오늘도 수고했어
사랑해

럭키 아파트

재잘재잘 떠드는 소리. 도해는 눈앞에 펼쳐진 장면에 눈을 의심했다. 내가 아는 럭키 아파트는 분명 다 무너져 가는 폐건물이었는데. 지금의 아파트는 뛰노는 아이들의 소음과 길가에 아무렇게나 농사지은 것들을 말리는 할머니의 7080 노래가 어우러지는, 말 그대로 사람이 사는 공간이었다.

도해가 벙찐 얼굴로 뺨을 꼬집었다. 전혀 아프지 않았다. 그러고 보니 손을 꽁꽁 얼게 만드는 날씨도 아니었다. 반팔 차림의 사람들이 긴팔에 겉옷까지 걸쳐 입은 도해를 신기한 얼굴로 바라보았다. 저 누나는 덥지도 않나 봐. 이 날씨에 후드 집업을 입고 다니네. 중학생쯤 되어 보이는 남자아이들 무리가 킥킥거리며 지나쳤다. 이상한 것 천지였다. 시끄럽게 울리는 매미 소리에 머리가 다 아파왔다.

"도해?"

"네?"

"응?"

"……"

"뭐야, 진짜? 나 마중 나온 거 아니야? 옷은 왜 그래? 긴 꿈이라도 꿨어?"

바보 같아. 코끝에 걸친 안경을 쓱 올린 만조가 영 이상하다는 듯 도해의 얼굴을 바라보더니 웃음을 터뜨렸다. 도해가 서둘러

시선을 피했다. 여자의 품 안의 책이 눈에 밟혔다. 노르웨이 숲. 꿈속 여자가 즐겨 읽는 책이었다. 그러고 보니 말투라던가, 얼굴, 저를 보는 눈빛 같은 것들이 여자와 매우 닮아 있었다. 도해는 혼란스러웠다. 드디어 손도 못 쓸 정도로 미쳐버려서 검정을 헤집어 초록에 도달한 것만 같았다. 당신을, 찾아낸 것만 같았다.

덥석 손을 잡고는.

"손 안 놓칠게요 꿈에서 깨어나도요"

손을 잡아

도해야
세상이 망했어

불안을 집어먹는 너에게
마지막 안심이 되어주고 싶었던 나의 마음

놓쳐도 되니까 절대 잊지는 마

손을 꼭 잡아야 해
온기를 잃지 말 것
아파도 넘어져도 반드시 살아낼 것

좋은 사람이 되어주고 싶었지만
마음대로 할 수 있는 게 하나도 없었다

그거 아니?
나도 가끔 겁을 먹고는 해
이를테면 운명 같은 것 앞에서

세상이 두 번 망해도
우리가 기어코 살아내도
사랑을 사랑으로 명명할 수 없는 세상이라면

그때는 우리 어쩌면 좋을까
나는 무서워 도해야

오래된 습관

낯설지 않은 감각
네가 웃을 때면 꿈을 걷는 것 같아
네가 웃기를 기다리는 게 나의 오래된 습관 같아

우리가 하는 이거 사랑 맞지
나는 감기는 눈을 억지로 뜨고
너를 담는다

영원할 수 있던 마음이
무너지는 순간
나는 시간 안에 갇혀 악몽만을 고집하고
내 악몽 속 주연은 여전히 너고

우리는 우리로

첫눈이 올까?
이 망한 세상에도

망한 세상 망한

“어느 이름 모를 평행우주에서 네가 똑 떨어져서 내게 온 기분이네.”

만조의 허벅지에 머리를 베고 누워 별을 봤다. 희미하거나 확실하게 자신의 존재감을 드러내는 별을 보고 있으면, 지금의 나는 어느 정도의 선명함을 가진 사람인지 궁금해졌다. 나른한 목소리로 속삭이는 만조에 도해가 옅게 웃었다. 시간이 얼마 남지 않을 걸 온몸으로 느끼고 있었다.

“그런 말도 할 줄 아는 사람이었나.”
“너한테 옮은 거야.”
“뒷이야기 내가 만들어서 들려줄까?”
“어디 해봐.”
“어느 날, 세상이 존나 망했어.”

근데 영원을 약속한 존재들의 마음이 너무 큰 거지.
그 마음들이 모여서 새로운 세상을 만들었어. 그 세상은 전에 있던 세상의 복제급으로 똑같은데 시간 선이 무너지면서 망한 세상과 어느 이름 모를 평행우주의 경계가 흐려진 거지. 저 별처럼. 저기 보이지? 곧 죽을 것처럼 깜박거리는 재. 인공위성인가? 아무튼……

존나 망한 세상의 사람들과 어느 이름 모를 평행우주의 사람들도 섞였어. 누가 어느 출신인지도 알 수 없고 말이야. 나는 그중 하나인 거야. 눈 감았을 때는 이 세상, 눈 뜨면 저 세상. 뭐 그런, 이해했어?

만조가 흥미로운 듯 고개를 연신 끄덕거렸다. 도해는 놓으면 꿈에서 깨어나기라도 할 것처럼 힘을 주어 만조의 손을 잡았다.

그러다가 놓쳐버린 너를 다시 찾은 거야. 그래서 계속 함께 있고 싶어졌어. 너를 잊은 시간이 너무 밉고 힘들어서 원래의 세상 같은 건 돌아가고 싶지 않은 거야. 그렇지만 어느 세계에서든 그들만의 룰이 존재하기 마련이지. 반드시 돌아가야 해. 그렇지 않으면 사라져. 그걸 느낄 수가 있어.

도해의 목소리가 작게 떨렸다. 도해는 몸을 일으켜 만조를 끌어안았다. 품에 얼굴을 파묻고 한참을 숨만 쉬었다. 있잖아, 만조야. 잠에 다시 들면 우리 못 보는 거지? 물을 잔뜩 머금은 솜 같은 목소리가 낮게 울렸다. 만조는 도해의 등을 토닥이며 으음 하고 말을 흐린다.

"글쎄다. 네가 그럴 수 있다면 나도 그럴 수 있지 않을까? 도해 네가 돌아간다면 그때는 내가 널 만나러 가면 되는 거야. 어차피 망한 세상, 흐려진 경계는 다시 선명해질 수 없는 거잖아? 왔다

갔다 세상을 건너서 사랑하면 되는 거야. 그러면 되지 않을까?"

그러니까 잠에 들어도 괜찮아. 벌게진 눈가 위로 겹쳐지는 따듯한 손. 느릿하게 눈을 감았다 뜨면 다시 겨울이.

겨울 입술에 남은 말

도해는 습관처럼 아파트를 찾았다. 밟고 지나간 사람이 전혀 없어 눈이 소복하게 쌓인 그곳은 도해와 만조만을 위한 공간 같았다. 여전히 이름을 알 수 없는 별들이 희미하게 또 선명하게 도해를 내려다보고 있었다.

"언제 오려나."

매일 밤낮으로 아파트를 드나드는 바람에 열병을 앓았다. 여전히 만조는 나타나지 않았고 머리가 빙빙 도는 것 같았다. 이대로 잠에 들면 죽어버릴 텐데. 눈이 점점 감겼다. 만조에게 닿는 길은 너무 멀고 험했다.

"입 돌아간다, 바보야."

익숙한 목소리. 도해가 입꼬리를 올려 웃었다. 만조는 유행이 한참 지난 패딩을 입고 도해의 옆에 앉았다. 저거 네가 만든 거야? 만조가 아파트 입구에 크고 작은 눈사람을 가리켰다. 도해가 어색하게 고개를 끄덕였다. 저건 언니야, 작은 주제에 눈코입 다 붙어 있으니까 귀엽지. 그 옆에 멀대 같이 키만 크면서 흐리멍덩한 건 너고? 끄덕. 귀엽다.

아이처럼 웃는 만조를 보고 있으면 그깟 기다림이 다 무슨 소용인가 싶어졌다. 생각 많은 나를 단순하게 만드는 참 이상한 사람이다. 도해가 만조를 품에 끌어안았다. 태어나 처음 맞는 따듯한 겨울이었다.

있지, 만조야.
오늘은 정말로 네가 올 것 같았어.
영원을 소원하는 마음을 빌어먹고 매일 너를 향해 달렸어.
그 마음을 헛되게 두지 않아 줘서 고마워.
손 놓지 않을게. 사랑해.

겨울 입술에 남은 말

초판 발행 2026년 01월 08일

지은이 도해
편집 박은혜
디자인 유하영
저작권 이나겸 김은지
마케팅 박수호 변진경 이하영 이윤슬

펴낸곳 주식회사 부크크 | **펴낸이** 한건희
출판등록 2014.07.15.(제2014-16호)
주소 서울특별시 금천구 가산디지털1로 119 SK트윈테크타워 A동 305호
전자우편 info@bookk.co.kr (대표) forawriter@bookk.co.kr (마케팅, 제휴 문의)
대표전화 1670 - 8316
홈페이지 www.bookk.co.kr
인스타그램 @bookkcokr | **트위터** @bookkcokr

ISBN 979-11-12-10789-3
정가 11,000원